TI-BOU

LE RETOUR À LA MAISON

TI-BOU

LE RETOUR À LA MAISON

ANDY RUNTON

TEXTE FRANÇAIS D'ISABELLE FORTIN

■SCHOLASTIC

Catalogage avant publication de Bibliothèque et Archives Canada

Titre: Ti-Bou / Andy Runton ; texte français d'Isabelle Fortin.
Autres titres: Owly. Français
Noms: Runton, Andy, auteur.
Description: Traduction de : Owly. | Sommaire : 1. Le retour à la maison.
Identifiants: Canadiana 20200156160 | ISBN 9781443181440 (vol. 1 ; couverture souple)
Classification: LCC PZ23.R86 Ti 2020 | CDD j813/.6–dc23

Édition publiée par les Éditions Scholastic, 604, rue King Ouest, Toronto (Ontario) M5V 1E1

5 4 3 2 1   Imprimé en Malaisie 108   20 21 22 23 24

Conception graphique : Phil Falco

POUR MA MÈRE

QUI M'A FAIT DÉCOUVRIR
LES PETITS OISEAUX
ET LA JOIE QU'ILS APPORTENT.

TABLE DES MATIÈRES

EN ROUTE

UN HIBOU!

SWOUSH!

TI-BOU VOULAIT JUSTE ÊTRE GENTIL...

GRAINES

PAS FACILE POUR TI-BOU DE SE FAIRE DES AMIS.

PLOC

7

À L'AIDE!

AIDEZ-MOI!

RIEN DE MIEUX QU'UN BON THÉ...

SAUF PEUT-ÊTRE DU REPOS.

JE NE
SAIS PAS.

EUH... JE ME
RAPPELLE
QUE...

PLOC

PLOC

PLOC

PLOC

TI-BOU VOUDRAIT AIDER VERMI, MAIS IL NE CONNAÎT PAS LE CHEMIN.

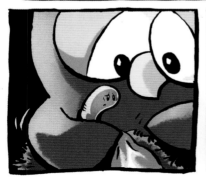

SOUDAIN, IL A UNE IDÉE!

QU'EST-CE QUE TU CHERCHES, TI-BOU?

CARTE

TI-BOU EST HEUREUX D'AIDER VERMI...

ET VERMI EN EST RAVI!

ILS N'AURONT QU'À SUIVRE LA CARTE.
MAIS LE TRAJET EST TRÈS LONG.

23

TI-BOU SAIT EXACTEMENT QUOI METTRE DANS SON SAC.

VERMI SE PRÉPARE AUSSI.

ET LEUR AVENTURE COMMENCE!

24

MAIS ILS ONT BIENTÔT BESOIN D'UNE PAUSE.

LES POMMES SONT BIEN MIEUX QUE LES BAIES TOXIQUES!

TI-BOU EST HEUREUX D'AIDER VERMI...

ET VERMI EN EST RAVI!

LA FORÊT EST SI SOMBRE!

TI-BOU ET VERMI SONT-ILS PERDUS?

ILS REGARDENT LA CARTE.

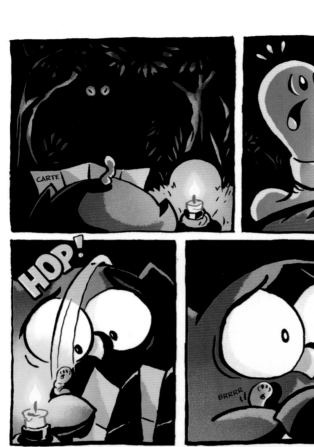

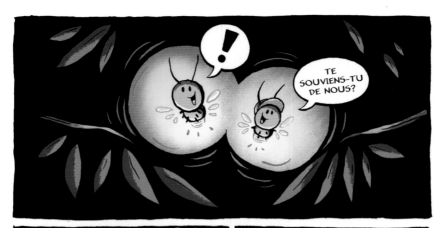

JE SAIS OÙ C'EST!

C'EST VRAI?

OUI! SUIVEZ-NOUS!

OH NON! LA MAISON DE VERMI A DISPARU.

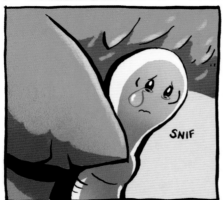

SNIF

TI-BOU EST HEUREUX D'AVOIR AIDÉ VERMI...

ET VERMI EN EST RAVI!

TI-BOU DOIT BIENTÔT RENTRER.

VERMI EST TRISTE...

ET TI-BOU AUSSI.

48

TI-BOU SE MET EN ROUTE POUR UN LONG VOYAGE...

SCROUTCH

SCROUTCH
SCROUTCH
SCROUTCH

SCROUTCH
SCROUTCH

À VOL D'OISEAU

TI-BOU ET VERMI AIMENT S'OCCUPER DE LEUR POTAGER.

POUSSEZ BIEN, LES CAROTTES!

F R R T

TI-BOU!

FRRT FRRT
FRRT

F R R T

TI-BOU VEUT VOIR
ÇA DE PLUS PRÈS!

QUE VOIS-TU?

IL A PEUT-ÊTRE FAIM...

TI-BOU ET VERMI VEULENT AIDER L'OISEAU.

71

TI-BOU ET VERMI RENTRENT CHEZ EUX...

ET CHERCHENT CE QUE MANGE MINI.

PETITS
OISEAUX

!!!!

COLIBRI

COLIBRI À GORGE RUBIS
EN VOL

LE COLIBRI EST LE
PLUS PETIT DE TOUS
LES OISEAUX. CETTE
MINUSCULE MERVEILLE
DU CIEL EST SURNOMMÉE
OISEAU-MOUCHE.

CONTRAIREMENT AUX AUTRES
PETITS OISEAUX, LE COLIBRI NE
MANGE NI GRAINES NI PETITS
FRUITS. IL SE NOURRIT PLUTÔT
DU NECTAR DES FLEURS.

IL
AIME LE
NECTAR!

IL Y A BEAUCOUP DE FLEURS...

FLEURS LOCALES

FLEURS À NECTAR

MAIS TI-BOU ET VERMI VEULENT TROUVER LA FLEUR PARFAITE.

ATTENDS! QUE DIS-TU DE CELLE-LÀ?

EST-CE QU'ELLES SONT POUR UN COLIBRI?

OUI!

BONNE CHANCE! J'ESPÈRE QU'IL LES AIMERA.

93

BON PLAN!

FRRRR
FRRRR

FRRRR
FRRRR

HOP!

CE N'ÉTAIT QU'UN PETIT LAPIN.

CHTONK!

PAF!

POUM!

ALLONS-Y!

TI-BOU ET SES AMIS PARTENT EN VITESSE...

POUR TROUVER REFUGE AU POTAGER.

OUI! DES PHOTOS!

CLIC!

Mini, Vermi et Angèle
3 juin

Mini a des plumes rouges sur la gorge.

Ti-Bou, Angèle et Mini
3 juin

Angèle est un peu plus petite que Mini.

Mini dans son arbuste
à papillons.

10 juillet

Angèle butine
la sauge, sa fleur
préférée.

SAUGE
LA PRÉFÉRÉE DES COLIBRIS!

Angèle prend une petite douche
pendant que Ti-Bou arrose une plante.

23 août

Mini repose ses ailes
pendant qu'il s'abreuve
dans le lantana.

Angèle et Vermi jouent
à cache-cache dans
les fleurs.

23 septembre

Ti-Bou et Vermi dans
le jardin des colibris.
Il commence à faire froid.
C'est l'automne!

Ti-Bou et Vermi sont toujours
heureux d'être avec leurs amis.

5 octobre

SALUT, ANGÈLE ET MINI!

BEAU TRAVAIL, TI-BOU!

FROU FROU FROU

VOILÀ! FINI LES FRISSONS!

MMMRF
MMMMRF

←!

POF
POF

LES FOULARDS SONT TROP LOURDS.

MERCI QUAND MÊME.

FRRR FRRR

FRRR FRRR

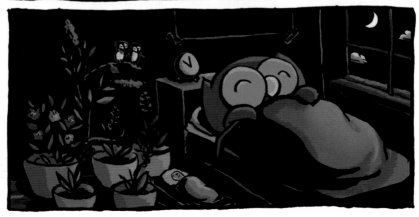

QU'EST-CE QUI NE VA PAS?

ALLONS CHERCHER D'AUTRES FLEURS!

TI-BOU ET VERMI VONT À LA PÉPINIÈRE...

MAIS IL N'Y A PLUS DE FLEURS!

FLEURS À NECTAR

OH NON!

NOUS CONNAISSONS UN ENDROIT DANS LE SUD OÙ IL FAIT TOUJOURS CHAUD.

TI-BOU ET VERMI SONT TRISTES DE CE DÉPART.

MAIS ILS SAVENT QUE LES FLEURS NE SURVIVRONT PAS AU FROID.

SNIF

BON VOYAGE!

SCOUIC! SCOUIC!

SNIF

TI-BOU VEUT QUE SES AMIS RESTENT.

ILS NE PEUVENT PAS PASSER L'HIVER À L'INTÉRIEUR.

TI-BOU VA S'ENNUYER D'EUX.

COLIBRI

COLIBRI

À L'APPROCHE DE L'HIVER, LE COLIBRI MIGRE VERS LE SUD POUR SUIVRE LA FLORAISON.

IL PASSE L'HIVER SOUS LE SOLEIL DE L'AMÉRIQUE DU SUD. POUR ATTEINDRE LEUR DESTINATION, BEAUCOUP DE COLIBRIS VOLENT MÊME AU-DESSUS DU GOLFE DU MEXIQUE SANS S'ARRÊTER.

BEAUCOU
COLIBR
NOUR
COM
" NE

GORGE

BRI...
FE DU MEXI...

COMPR...
NECTAR DES F...

BIEN QU'IL PARTE QUAND L'HIVER ARRIVE, LE COLIBRI REVIENT DÈS LE DÉBUT DU PRINTEMPS SUIVANT, LORS DE LA FLORAISON. IL A UNE EXCELLENTE MÉMOIRE ET RETOURNE TOUJOURS AU MÊME ENDROIT.

COLIBRI À GORGE RUBIS

ILS VONT REVENIR!

!

FIN

NE RATEZ PAS LA PROCHAINE AVENTURE DE TI-BOU!

SORTIE PRÉVUE AU PRINTEMPS 2021!

JE TIENS À REMERCIER
TOUT SPÉCIALEMENT LES ADEPTES
DE TI-BOU AINSI QUE MA FAMILLE ET MES
AMIS POUR LEUR SOUTIEN INCROYABLE! ⌣

SURTOUT RAINA, QUI A CRU EN MOI,
ANA ET JILL, QUI M'ONT GUIDÉ,
BARRY, QUI A DÉFENDU TI-BOU,
DAVID, QUI N'A JAMAIS ABANDONNÉ,
ET MEGAN, PHIL ET TOUTE L'ÉQUIPE DE
SCHOLASTIC POUR LEUR TRAVAIL
ACHARNÉ, LEURS CONSEILS ET LEUR
ACCUEIL DE TI-BOU DANS LA FAMILLE.

SOUTIEN À LA MISE EN COULEURS PAR
WES DZIOBA ET PATTY RUNTON.
JE N'Y SERAIS JAMAIS ARRIVÉ
SANS EUX.
MERCI!

ANDY RUNTON

est le créateur de la série *Ti-Bou*, pour laquelle il a remporté de nombreux prix, dont le prix Eisner de la meilleure publication destinée à un jeune public. La série a été saluée pour son « charme, sa sagesse et sa douceur » par *Booklist*. Selon *WIRED.com*, il s'agit « d'une des meilleures bandes dessinées pour enfants ». Andy vit dans la grande région d'Atlanta, où il travaille à temps plein comme auteur et illustrateur.